NICÉPHORE NIEPCE

INVENTEUR DE LA PHOTOGRAPHIE.

CONFÉRENCE

FAITE A CHALON-SUR-SAÔNE, POUR L'INAUGURATION DE LA STATUE
DE NICÉPHORE NIEPCE, LE 22 JUIN 1885,

PAR

A. DAVANNE,

Vice-Président de la Société française de Photographie.

PARIS,

GAUTHIER-VILLARS, IMPRIMEUR-LIBRAIRE

DU BUREAU DES LONGITUDES, DE L'ÉCOLE POLYTECHNIQUE,

SUCCESSEUR DE MALLET-BACHELIER,

Quai des Augustins, 55.

—

1885

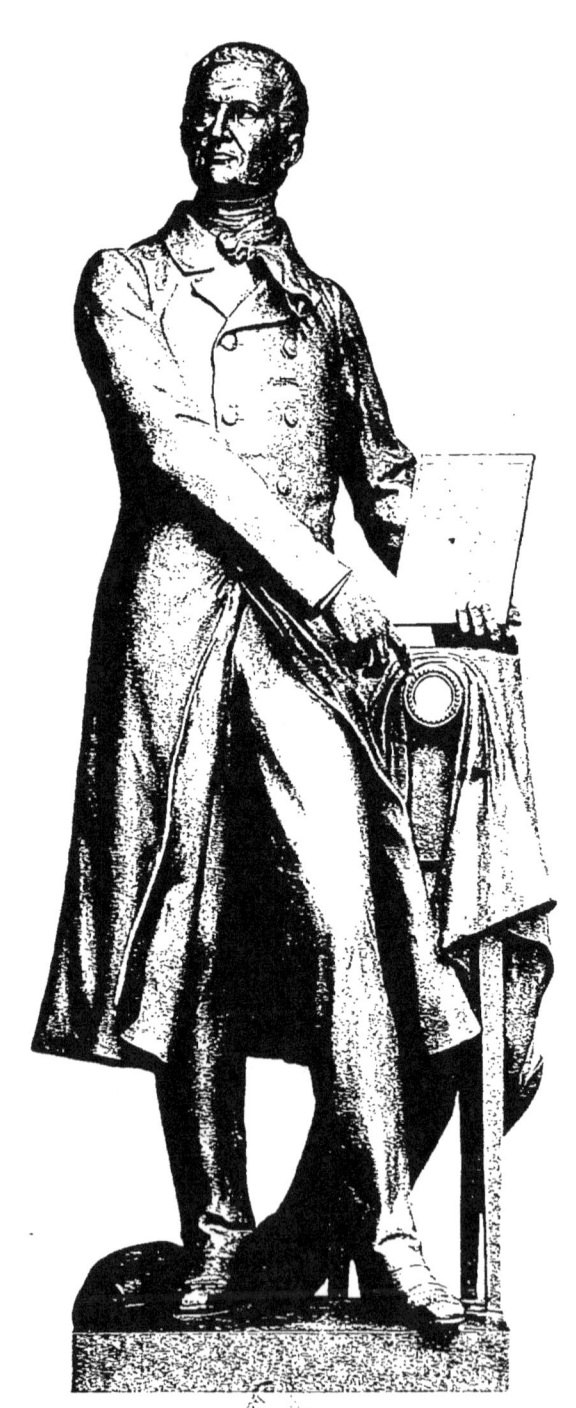

NICÉPHORE NIEPCE

INVENTEUR DE LA PHOTOGRAPHIE.

Mesdames, Messieurs,

La ville de Chalon-sur-Saône vient de rendre un éclatant hommage à Nicéphore Niepce, dont le génie conçut il y a soixante-dix ans l'idée féconde qui lui mérite aujourd'hui cette tardive mais solennelle réparation. Cette idée était alors tellement audacieuse, que son énoncé seul eût suffi à nous reporter à l'âge où l'on berce les enfants avec des contes de fées merveilleux dans lesquels l'imagination, prodigue de fantaisies, semble s'envoler dans les conceptions les plus fantastiques.

On nous contait alors les prouesses de ces héros qui, avec les grandes bottes que vous savez, franchissaient en quelques minutes des distances énormes; d'autres avaient l'oreille si fine, qu'en l'appliquant sur le sol, ils entendaient les conversations prononcées dans les pays les plus lointains; ils avaient des engins d'une portée, d'une puissance, d'une précision telles qu'ils pulvérisaient leurs ennemis avant de les apercevoir, et, chevaliers fidèles, ils gardaient sur un miroir magique le portrait vivant de la belle qui s'y était mirée une seule fois.

Maintenant les années ont succédé aux années, notre siècle s'est passé dans une fièvre de recherches, de science et de progrès, les récits féeriques, les idées fantastiques, merveilleuses, impossibles, les contes des Mille et Une nuits sont devenus des réalités banales qui nous émeuvent à peine. Ces idées se sont implantées, elles ont germé, grandi par les soins de la Science, elles ont fructifié entre les mains des inventeurs et aujourd'hui la vapeur laisse loin derrière elle les bottes de sept lieues, la parole électrique fait le tour du globe en un éclair, le téléphone se rit de la surdité de Fine Oreille et, grâce au miroir magique dérobé par Niepce, un rayon de lumière suffit pour créer une image, il n'est pas une mère qui ne puisse contempler le portrait de son enfant.

Car telle était l'idée de Nicéphore Niepce : saisir la lumière et lui faire dessiner l'image des objets qu'elle nous montre.

A l'homme qui a usé sa vie pour la réalisation de cette idée vous avez élevé le monument qu'il mérite; la France, les nations voisines ont voulu contribuer à cet hommage, car l'invention de Niepce a été un bienfait général dont la Science et les Arts sont reconnaissants; au nom de la Société française de Photographie et de la Société d'encouragement que nous représentons ici, nous remercions la ville de Chalon de la justice rendue, nous remercions aussi le sculpteur au ciseau ferme et pur, le professeur qui maintient parmi nous les grands principes transmis par l'antiquité, nous remercions M. Guillaume qui a généreusement donné son talent et contribué pour une si large part à l'œuvre entreprise par la ville de Chalon; nous le remercions non seulement de cette grande œuvre que nous admirons, mais aussi de ce concours spontanément offert qui, pour nous, représente l'alliance, quelquefois contestée, entre l'œuvre du génie et l'œuvre de la lumière, entre la Beauté et la Vérité.

Saisir la lumière et lui faire dessiner l'image des choses qu'elle nous montre est une idée tellement grande et féconde, que Niepce lui-même n'en pouvait pressentir toute l'étendue, et le développement qu'elle a pris de nos jours semblait encore impossible à ces esprits aux larges conceptions qui s'appelaient cependant Arago, Biot, Thenard, Gay-Lussac; les progrès ont dépassé ce que la Science pouvait prévoir, ils ont été tels qu'aujourd'hui nous pouvons dire :

« De l'infiniment grand à l'infiniment petit, tout ce que voient nos yeux, soit directement, soit par le télescope, soit par le microscope, peut être photographié, et l'image obtenue peut être multipliée à volonté. »

L'épreuve photographique dépasse en finesse, en détails ce que produirait la main du plus habile artiste et, qualité plus précieuse encore, cette image est vraie, authentique, indéniable, c'est l'objet lui-même qui l'a dessinée; aussi un de nos plus grands astronomes, M. Janssen, disait-il : « La surface photographique est la rétine du savant, rétine incomparable, car elle voit l'objet, retient l'image et ne commet pas d'erreurs. »

Cherchons maintenant comment cette conception a pu prendre corps et arriver au développement actuel.

Si Niepce avait eu seulement l'idée, sans arriver à une réalisation, il ne serait pas l'inventeur que nous fêtons; je dirai même que s'il avait eu cette idée sans savoir qu'il pouvait s'appuyer sur des faits connus, il fût sans doute resté un idéologue; mais déjà en 1560, della Porta, le physicien napolitain, avait arrêté les rayons lumineux dans leur trajet, pour faire apparaître une image fugitive sur la glace dépolie de la chambre noire : c'était justement cette image que Niepce voulait fixer; pour y parvenir, il fallait des surfaces altérables par la lumière; or il savait aussi qu'il existe des composés naturels ou artificiels dont les propriétés ou les couleurs changent par l'action des rayons lumineux; déjà même avant lui des essais avaient été tentés pour obtenir des images avec ces substances, mais les résultats n'avaient présenté que d'informes silhouettes sans détails et sans modelé, car les expérimentateurs se contentaient de prendre l'objet lui-même, de le poser sur la surface sensible et la lumière en dessinait les contours, comme le soleil imprime sur une pêche la forme de la feuille qui y reste adhérente. Si l'on voulait opposer ces premiers résultats à la gloire de Niepce, nous demanderions pour toute réponse qu'on nous donnât, par ces moyens de superposition, l'image de cette statue qui vient de lui être élevée; d'ailleurs ces silhouettes étaient aussitôt altérées que produites, la lumière qui les avait formées les détruisait dès que l'écran ne protégeait plus la surface sensible contre son action. Nous ne voulons pas amoindrir le mérite de ces expériences premières, qui contribuèrent plus tard au développement de la Photographie, mais elles étaient bien loin de ce que permit de réaliser l'idée de Niepce, c'est-à-dire l'alliance de la chambre noire et des surfaces sensibles, la chambre noire pouvant présenter en toutes grandeurs l'image de toutes choses, la surface sensible pouvant retenir cette image et devenir inaltérable.

De ce moment le problème de la Photographie est posé, il l'est dans des conditions que l'esprit peut comprendre et croire réalisables, et dans toutes les années qui vont suivre, dans celles qui suivront encore, toutes les inventions, tous les perfectionnements chercheront à atteindre le but désigné par Niepce : *fixer, telle qu'on la voit, l'image parfaite que peut donner la chambre noire;* malgré toutes les découvertes, malgré les résultats très surprenants que vous connaissez, nous ne saurions dire encore que nous avons obtenu cette perfection idéale, toutefois les successeurs de Niepce peuvent être glorieux de leurs succès, bien que la tâche leur ait été aplanie par les immenses progrès accomplis dans les sciences physiques et chimiques.

A Nicéphore Niepce tout manquait au début, et le musée de Chalon, enrichi par les dons et les soins de M. J. Chevrier, conserve religieusement ces premiers instruments que l'inventeur dut construire lui-même. Au lieu de ces chambres noires d'un maniement facile que nous possédons actuellement, au lieu de ces objectifs puissants dont nous faisons usage et qui concentrent une grande somme de lumière, nous voyons dans les lettres d'un style si correct, si affectueux, adressées à son frère Claude, que Niepce se servait au début d'une simple boîte armée d'un verre de lorgnette; avec de semblables instruments il ne pouvait avoir qu'une pauvre image à contours indécis; ce fut ainsi pourtant qu'il dut faire ses premières épreuves. Mais, chose bien surprenante encore, nous avons trouvé hier avec un étonnement profond, dans ces débris laissés par l'illustre inventeur, des perfectionnements réalisés par lui et par Daguerre lors de leur association, perfectionnements qui depuis ont été présentés comme nouveaux : telle est la chambre noire dite à soufflet qui a été réinventée longtemps après lui, et ce diaphragme variable, véritable pupille artificielle, que récemment un inventeur a montré comme un progrès des plus importants.

Voici Niepce à l'œuvre; les substances essayées avant lui donnent justement le contraire de ce qu'il cherche, elles noircissent d'autant plus que la lumière qui les frappe est plus vive, il les emploie néanmoins, mais ses lettres nous montrent tous ses regrets de n'en pouvoir tirer que des images inverses des effets de la nature.

En 1816, il obtient à la chambre noire des épreuves qui sont un grand progrès sur les silhouettes que donnaient les procédés que nous avons mentionnés ci-dessus, mais elles sont loin de le satisfaire, elles sont renversées comme position et comme effet de lumière ([1]); Niepce ne se doute pas qu'il vient de résoudre un des points importants du problème général, la multiplication facile des épreuves; il vient pourtant de faire les premières négatives qui sont la base de toutes les opérations actuelles et auxquelles la Photographie est complètement revenue après avoir été égarée pendant près de quinze ans par le séduisant procédé de Daguerre; il veut réaliser les effets directs de la lumière, il se désole de ces effets négatifs et il étudie successivement l'emploi des substances les plus différentes : le phosphore, les sels de fer, de manganèse, les résines sont essayés tour à tour; il s'arrête au bitume de Judée et il trouve en même temps, en 1824, deux procédés, qu'il désigne sous le nom général d'*Héliographie;* l'un donne l'épreuve photographique directe sur métal poli : c'est le précurseur du Daguerréotype; l'autre donne la Photogravure, qui a pris de nos jours un développement considérable. Les deux sont basés sur la propriété particulière que possède le bitume de Judée de devenir insoluble dans ses dissolvants primitifs sous l'influence de la lumière.

Niepce fait une solution de cette substance dans l'essence de lavande ou dans le pétrole rectifié, il en étend une couche

---

([1]) Lettre de Nicéphore Niepce à son frère Claude, en date du 5 mai 1816 : *Ce que tu avais prévu est arrivé. Le fond du tableau est noir et les objets sont blancs, c'est-à-dire plus clairs que le fond.*

La vérité sur l'invention de la Photographie, par V. Fouque, librairie Ferran, Chalon-sur-Saône, 1867, p. 65.

mince sur une plaque de métal poli, et il expose pendant plusieurs heures la surface obtenue sous la faible image lumineuse que lui donne sa chambre noire toute primitive.

Après bien des insuccès, la lumière accomplit enfin son œuvre, il se fait une image faiblement teintée et la plaque, lavée dans l'essence, garde le bitume rendu insoluble par la solarisation, tandis que les parties qui ont été les moins éclairées se dissolvent en laissant le métal à nu ; l'image apparaît en jaune d'or quelque peu farineux, sur un fond poli (¹) qui semble noir, si l'on se met dans des conditions convenables de reflet (²).

Cette image est renversée, il est vrai, comme toutes celles que montre la chambre noire ; mais elle semble dans ses véritables conditions de lumière, les clairs se détachent à peu près sur les ombres, la première image photographique directe est faite ; et, sans chercher à diminuer la renommée de Daguerre, qui nous a fait connaître une autre découverte d'une portée considérable, nous pouvons dire que dans cette épreuve nous retrouvons les principes bons et mauvais de l'image daguerrienne : la préparation d'une couche sensible sur métal poli, le dégagement de l'image produite, qu'on ne saurait cependant assimiler tout à fait au développement de l'image latente, le renversement de cette image qui montre à droite ce qui est à gauche, le miroitage des fonds, suivant les inclinaisons et les reflets.

En même temps qu'il fait cette épreuve, Niepce se rap-

(¹) Grâce à l'obligeance et à l'habileté de notre excellent collègue et ami M. Alfred Chardon, qui a bien voulu nous aider pour cette conférence, et refaire toute une série de planches d'après les procédés de Niepce, nous avons pu mettre sous les yeux de nos auditeurs des spécimens de ces premiers essais de Photographie et de Photogravure ; nous lui en témoignons ici toute notre reconnaissance.

(²) Mémoire à la Société royale d'Angleterre, par M. N. Niepce, en date du 8 décembre 1827 ; Fouque, déjà cité, p. 149.

pelle que la gravure à l'eau-forte s'obtient par des réserves au bitume; la planche du graveur est, en effet, couverte d'une composition contenant cette résine, la main de l'artiste met le métal à nu partout où il veut que l'acide puisse attaquer la plaque; de même pour l'épreuve photographique au bitume de Judée, seulement l'action de la lumière remplace la main de l'artiste. Dès lors Niepce conçoit l'idée de graver les images obtenues pour les reproduire ensuite à un nombre indéfini d'exemplaires; mais, mal habile dans les procédés du graveur dont il ne connaît pas toutes les ressources, n'ayant que des instruments insuffisants, il échoue dans ses essais d'après nature, et nous ne devons pas nous en étonner, car, actuellement encore, on ne peut qu'avec peine vaincre toutes les difficultés que présente une gravure de ce genre; mais, en opérant par superposition, il arrive à copier des estampes et la planche sur laquelle, en 1824, il a reproduit le portrait du cardinal d'Amboise restera comme un remarquable spécimen de cette invention et une date certaine contre laquelle on ne peut élever aucune objection.

Pendant près de cinquante ans, la seconde découverte de Niepce, la Photogravure, n'a fait que de lents progrès, mais actuellement les procédés au bitume de Judée et d'autres ont été franchement repris et améliorés; ils forment les bases d'une industrie très importante à laquelle on doit l'illustration rapide et à bon marché de ces publications dont les gravures vont répandre partout le goût des Sciences et des Arts. L'imprimerie et la librairie ont dû compter avec elle, et je me souviens, à ce sujet, de ces deux réponses que me fit un grand éditeur dans l'espace de douze années. En 1873, je lui expliquais les progrès lents mais sûrs que faisait la Photogravure, et il me dit alors presque avec mauvaise humeur : « Mais la Photographie nous gêne; qu'elle reste donc dans sa spécialité ». Pour lui comme pour tant d'autres, cette spécialité était l'application aux portraits, il ne voyait qu'un coin de ce vaste ensemble embrassé par la Photographie et je lui répondis : « Nous vous envahirons ». Il y a quelques mois, je lui rappelais son dédain : « Moi! fit-il presque étonné, mais je commande pour plus de cent mille francs de photogravures par an ! » On se demande à quel chiffre doivent s'élever les commandes réunies des autres éditeurs.

Nous pouvons donc affirmer que, dès 1824, Niepce a réalisé deux inventions : il a dessiné et il a préparé, par l'action seule de la lumière, la planche à graver par l'eau-forte. Certes ses œuvres ne sont pas parfaites, mais elles montrent que l'idée a pris un corps, que la réalisation est possible; c'est au temps qu'il appartiendra de la perfectionner et de lui donner les développements qu'elle comporte. A partir de ce moment il cherche à progresser, et, tout en appuyant sur ce point capital qu'il a posé les principes de l'invention, il laisse poindre dans sa correspondance l'angoisse de l'inventeur en face de moyens insuffisants.

Aussi part-il pour Paris afin de chercher des instruments plus parfaits, des chambres noires et des objectifs perfectionnés; là, il apprend que Daguerre poursuit la même idée et une correspondance s'échange entre les deux chercheurs; toutefois il résulte de leurs lettres que Daguerre n'avait encore rien obtenu; cependant, par un acte d'association daté de l'année 1829, ils mettent en commun : Niepce son invention, Daguerre sa nouvelle combinaison de chambre noire, et tous deux leurs idées, leurs talents et leurs lumières; cette association était faite pour dix ans. Mais Niepce meurt en juillet 1833 et pendant cette période de l'association, pendant les années qui suivirent la mort de Niepce, nous ne savons rien des expériences qui furent faites, les associés s'étant engagés à la discrétion la plus absolue. Ce silence se prolonge presque jusqu'à l'expiration des dix années; quelques mois auparavant, Daguerre annonce qu'il est parvenu à fixer l'image de la chambre noire au moyen de l'iode et du mercure; déjà en 1837, il avait montré des épreuves à Isidore Niepce, fils et successeur de son associé. Le gouvernement français, appréciant tout l'avenir de cette invention, veut libéralement la donner au monde entier, et il l'achète moyennant une rente viagère de 4000^{fr} pour chacun des associés, réversible par moitié sur leurs veuves. Daguerre reçut 2000^{fr} de plus pour l'invention du Diorama;[2] la part d'association de Nicéphore Niepce revint à son fils Isidore, dont la veuve, née de Champmartin, actuellement vieille, infirme, paralysée, vit à Fontet, près de la Réole, de cette épave de sa fortune, à laquelle s'ajoute la pension que lui fait la Société d'encouragement.

Il y a eu sur l'association de Niepce et de Daguerre de nombreuses et vives discussions, permettez-moi de passer légèrement. A Niepce revient sans conteste la grande gloire de la première idée et l'obtention des premières épreuves; mais il résulte des documents mêmes publiés dans le Recueil de M. Fouque ([1]), que Daguerre a fait connaître le phénomène de l'image latente,[3] basé sur la propriété que possèdent certains corps, entre autres l'iodure d'argent, de recevoir rapidement une impression qui, complètement invisible pour nos yeux, apparaît sous l'action de réactifs appropriés. Cela seul survivra dans tout le procédé de Daguerre, mais c'est un point capital pour la Photographie.

Faut-il attribuer cette découverte importante à Daguerre seul? Il serait peut-être plus juste d'en partager le mérite entre les deux associés, car, ainsi que le disait M. Bardy :

([1]) FOUQUE, *La vérité sur l'invention de la Photographie*, p. 210.

(2) *Inventé par le peintre Bouton*

(3) *L'image latente est décrite par Niepce dans l'exposé à Bayeux de son procédé.*

« Dans une association où chacun apporte ses idées, ses espérances, ses recherches, la découverte et la réussite sont le bien commun des deux, l'un fût-il prédécédé; cette réussite n'est-elle pas le plus souvent le résultat de ces idées, de ces espérances, de ces essais échangés autrefois et mis en commun? »

Comme les plus importants perfectionnements photographiques ont eu surtout pour but d'améliorer l'obtention de l'image latente, nous avons pensé, M. Chardon et moi, qu'il pourrait vous être agréable de voir ce curieux phénomène; nous allons essayer de le produire devant vous sous forme de projection. C'est une expérience délicate qui réussit assez difficilement. Malgré l'interposition d'un verre jaune intense, la grande lumière nécessaire pour la projection voile souvent la plaque avant l'apparition de l'image.

Dans le premier enivrement de son succès, Daguerre croit son procédé complet; s'il en prévoit quelques perfectionnements, il ne pense certainement pas qu'il puisse être transformé; aussi, il le circonscrit en quelque sorte en lui donnant son nom; au lieu de la Photographie, cette grande idée générale, il nous présente cet ensemble limité qu'il nomme *Daguerréotype;* pourtant l'œuvre de Daguerre ne tarde pas à subir d'importants perfectionnements : Claudet, Foucault, M. Fizeau joignent les vapeurs de brome aux vapeurs d'iode, pour donner à la plaque d'argent une sensibilité beaucoup plus grande : il suffit dorénavant de quelques secondes pour obtenir l'impression latente, et M. Fizeau, en dorant l'épreuve par un bain chimique, lui communique à la fois l'éclat et la solidité qui lui manquaient; pendant dix ans, la plaque daguerrienne règne sans rivale, mais, limitée dans son format, ne fournissant qu'une épreuve unique qui, à moins de complications dans les instruments, se présente renversée, elle ne répond plus aux besoins de notre époque. D'autres méthodes apparaissent à côté du procédé de Daguerre ; bientôt il est si complètement éclipsé, qu'aujourd'hui le plus grand nombre des praticiens ne sauraient dire en quoi il consiste, le nom même est oublié ; une seule chose survit, l'image latente, *trouvée par Niepce*.

En Angleterre, Fox Talbot travaillait depuis longtemps à la solution du même problème ; il avait repris, comme Niepce au début, ces composés d'argent qui, noircissant à la lumière, lui donnaient une épreuve inverse de la nature ; il les employait sur papier et il obtenait ces images impossibles, dont les effets de lumière sont renversés et dont je vous montre un nouveau spécimen qui, vous aurez peine à le croire, est un agréable portrait de femme ; Talbot eut alors une idée nouvelle d'une grande simplicité, mais dont les résultats furent considérables.

Puisque la copie de la nature donne une épreuve inverse qui portera désormais le nom de *négative*, la copie de cette négative, par des moyens semblables ou analogues, remettra les choses en l'état primitif et donnera l'image *positive ;* vous voyez, en effet, la contre-épreuve du portrait que je vous ai présenté tout à l'heure et vous n'avez plus de doutes sur le charme du modèle ; ce qu'il y a de plus important dans cette transformation, c'est que, la négative une fois obtenue, on n'a plus besoin de ce modèle pour avoir autant de positives qu'on le désirera : on a créé un type dont on peut multiplier à volonté les épreuves. On a recours alors, pour les produire, à ces premières méthodes de superposition qui ont précédé l'invention réelle de la Photographie, et plus tard Poitevin, par ses remarquables études, nous donnera les moyens d'obtenir les épreuves inaltérables.

Quand Daguerre fit connaître le phénomène de l'image latente, qu'il développait sur plaque d'argent par les vapeurs de mercure, Fox Talbot essaya de suite de le reproduire sur papier ; chimiste habile, il inventa une méthode qui, semblable dans son principe, était complètement différente dans sa préparation. Comparés à ceux de Daguerre, les résultats étaient inférieurs ; aussi l'invention de Talbot resta dans l'ombre jusqu'au moment où Niepce de Saint-Victor, neveu de notre Niepce, qui avait puisé près de son oncle l'amour des mêmes recherches, trouva le moyen d'obtenir sur verre limpide et transparent les mêmes impressions que Talbot obtenait sur papier.

A partir de ce moment, les perfectionnements se succèdent sans relâche ; pour fixer les sels d'argent sur la glace, Niepce de Saint-Victor employait l'albumine : il produisait ainsi des épreuves dont la finesse et la pureté n'ont pu être dépassées ; mais le moyen était lent et difficile, et bientôt l'albumine fut remplacée par le collodion, qui permit d'opérer aussi rapidement qu'avec les plaques daguerriennes les plus sensibles. Aujourd'hui au collodion succède la gélatine, à l'iodure d'argent on a substitué exclusivement le bromure, et la sensibilité de la couche sensible est devenue telle, qu'au lieu des heures que demandait le bitume de Niepce, des minutes exigées par les plaques de Daguerre, des secondes qui étaient encore nécessaires pour le collodion, nous comptons maintenant le temps de pose par centièmes et même par cinq-centièmes de seconde. La main la plus alerte ne peut suffire pour ouvrir et fermer l'instrument, il nous faut des appareils perfectionnés qui, rapides comme la détente d'une arme à feu, saisissent l'oiseau au vol, le cheval qui saute ([1]), les baigneurs qui se jettent, le navire en marche, le train express qui passe.

([1]) Les projections sont faites d'après des épreuves instantanées de MM. Hickel, Sautter de Beauregard, Grassin, etc.

Il semble qu'il n'y a plus de limites : le photographe sur un bateau secoué par la mer prend avec netteté la vue des côtes, l'aéronaute dans son ballon fixe en passant le plan des villes ; on obtient, paraît-il, des épreuves au fond de la mer, on fixe d'une manière irréfutable, pour les transmettre aux âges futurs, les observations célestes les plus délicates ; l'œuvre de Niepce s'est épanouie dans toute sa splendeur ; comme la vapeur, comme l'électricité, elle est devenue d'une application générale, apportant désormais son utile concours aux sciences, aux arts, à l'industrie.

Je ne voudrais pas être considéré comme un apôtre par trop fervent de la Photographie, pourtant je vous demande de continuer encore la bienveillante attention que vous m'avez accordée jusqu'ici, pour passer rapidement en revue avec vous quelques-unes de ces nombreuses applications.

Je vous parlerai peu des portraits, c'est la branche la plus connue et quelquefois la plus lucrative ; beaucoup de personnes même s'imaginent que là se borne l'utilité de la Photographie et elles ne voient dans la chambre noire qu'une machine à portraits ; cette machine pourtant ne fera rien de bon, même en face du plus charmant modèle, s'il ne se trouve de l'autre côté un homme de goût qui sache le présenter sous son jour le plus favorable et conduire d'un bout à l'autre l'opération vers le sentiment qu'il veut rendre ; sans doute, en dehors de cette recherche, le portrait photographique peut manquer d'effet artistique, mais il aura toujours une valeur que n'atteindront jamais les autres ; il est le reflet de son modèle, comme une émanation de sa personne ; aussi j'aime même ce petit portrait de deux sous fait dans la baraque du photographe nomade ; c'est le luxe des riches, le portrait de famille mis à la portée des déshérités de la fortune, et si nous sommes tentés de sourire devant ce résultat presque toujours imparfait, rappelons-nous que souvent le pauvre y tient fixés ses yeux attendris comme sur le dernier rayon d'une affection partie.

Il est curieux de voir comment même les défauts de la photographie peuvent trouver des applications inespérées; vous savez que la lumière blanche n'est pas simple, puisqu'en passant par un prisme elle se décompose en la série des couleurs de l'arc-en-ciel et nous donne ce qu'on appelle le spectre lumineux. Ces divers rayons colorés n'agissent pas de la même manière sur la surface sensible, tandis que le bleu, l'indigo, le violet l'impressionnent énergiquement; le vert et surtout le jaune et le rouge n'ont qu'une très faible action, ils sont les équivalents du noir; aussi la photographie relativement exacte des tableaux est-elle très difficile et les toilettes, même les plus harmonieusement composées, sont souvent mal rendues dans l'image photographique.

Les plus légères taches de rousseur ressortent sur le visage comme d'affreux trous de petite vérole; heureusement, la main du retoucheur ramène, quelquefois avec trop de galanterie, la pureté dans tous les traits. Mais ces inconvénients deviennent des qualités dans d'autres conditions; les traces jaunes, invisibles pour nos yeux, sont visibles pour la surface sensible, et si nous présentons à l'objectif ces vieux parchemins sur lesquels l'œil de l'antiquaire, du paléographe, recherche en vain, sous une écriture nouvelle, l'ancienne écriture effacée, **la Photographie fera renaître ces traits disparus, et le savant pourra déchiffrer ainsi les palimpsestes sans les soumettre aux risques des détériorations chimiques.**

Malheureusement, ce n'est pas seulement sur les vieux parchemins que s'exerce l'art d'effacer les premières écritures, il est souvent fait un coupable emploi des lavages pour substituer une écriture à une autre, mais la Photographie pourra mon-

trer la substitution et fournir ainsi à la justice des pièces de conviction irréfutables; elle retrouve sur la feuille incriminée ces traits que le faussaire croyait à jamais disparus, et, sur la pièce que je vous montre par projection, vous pouvez voir avec moi que là où il a écrit cinq mille francs, il y avait au début cent cinq francs.

Sans vouloir obliger le médecin à commencer par photographier son malade, je ne puis résister au désir de vous raconter qu'à Berlin une dame va chez un photographe poser pour son portrait; sur la première épreuve, le visage est couvert de taches; l'opérateur, après avoir examiné son modèle qui semble ne rien présenter d'anormal, recommence l'opération : même résultat. Il en connut la cause quelques jours plus tard : la pauvre dame mourait de la petite vérole; la photographie avait prévu la maladie.

Puisque nous avons parlé de l'aide que la Photographie apporte à la justice, ajoutons qu'à Paris un service spécial a été créé à la Préfecture de police; les accidents, les crimes, les victimes, les localités, les armes et autres pièces à conviction sont immédiatement photographiés; on prend les portraits de tous les malfaiteurs, qu'ils le veuillent ou non, souvent dans leurs poses les plus familières et, lorsqu'il est nécessaire, on envoie dans toutes les directions cette copie de l'individu, bien autrement exacte que le meilleur signalement.

Dans la recherche des fraudes, des falsifications de denrées alimentaires et de fournitures de toutes sortes, l'expert fait presque toujours ses recherches au moyen du microscope; autrefois il devait porter la conviction dans l'esprit du juge par un rapport qui sans doute l'éclairait, mais sans rien lui montrer; aujourd'hui, presque toujours le rapport est accompagné de l'épreuve micrographique, qui est obtenue par la Photographie et qui présente le corps du délit.

Les recherches photo-micrographiques sont, en effet, une des belles branches de la Photographie ; celle-ci nous permet l'étude de l'infiniment petit, elle fixe et nous montre les étonnantes structures de ce qui nous paraît poussière et présente cependant une merveilleuse organisation. Voici, par exemple, quelques écailles détachées de l'aile d'un papillon, un fragment de la cornée qui couvre l'œil d'une mouche ; il y a dans les eaux croupissantes, dans ces matières rougeâtres qui garnissent le fond des ornières inondées, des êtres organisés, des diatomées qui, pour la plupart, nous présentent une structure harmonieusement symétrique ; ce sont de véritables modèles que l'art décoratif industriel n'a qu'à copier pour en faire de charmants ornements.

Grâce à la reproduction photographique, chacun peut pénétrer dans ce monde microscopique, voir ces êtres qui ne sont que des atomes et qui, pourtant, sont les maîtres du monde par leur rapide et effrayante multiplication. Voici celui dont le suçoir dévore annuellement à la France des centaines de millions de francs : c'est ce phylloxera dont nous cherchons en vain jusqu'ici à nous débarrasser. Par les études de sa vie, de son mode de développement, peut-être parviendra-t-on à améliorer la situation, mais ces recherches sont plus difficiles que celles faites autrefois par Bertsch sur un autre parasite beaucoup plus gros, dont vous voyez l'œuf implanté sur un cheveu ; le voici qui sort de l'œuf et l'animal se montre avec tout son développement sous son repoussant aspect ; en voici un autre, l'acarus du xylocope, qui dans son ensemble nous rappelle les monstres fantastiques créés par les imaginations chinoises et japonaises ; mais il en est d'autres dont l'aspect est plus gracieux : telle est cette puce d'hirondelle.

L'étude de l'infiniment grand ne présente pas moins d'intérêt, surtout pour l'astronome qui peut ainsi fixer l'image du phénomène passager que présente le mouvement des astres, phénomène dont il sait prévoir le retour à la minute, à la seconde fixes, mais que souvent il ne reverra plus, car l'apparition nouvelle ne se présentera peut-être que dans un grand nombre d'années; au lieu d'une description, au lieu d'un dessin que l'on peut toujours croire erroné, il transmet à ses successeurs une image irréfutable.

Pour ces astres qui sont tout près de nous, comme la Lune ou le Soleil, la Photographie peut nous donner des détails d'un grand intérêt, et si maintenant il se produit quelques transformations importantes sur la surface lunaire, la Photographie nous en avertira aussitôt par la comparaison des épreuves successives.

Lorsque l'enveloppe lumineuse du Soleil se déchire sous l'influence des tempêtes et des bouleversements qui la brassent incessamment, il se fait de grands trous noirs : ce sont ces taches solaires qui apparaissent et disparaissent d'une manière tout à fait irrégulière et dont une image, que nous devons à l'obligeance de M. Janssen, vous montre les bords éclairés. Ces tempêtes du Soleil peuvent avoir une influence sur notre planète, aussi l'étude en est-elle suivie attentivement; en Angleterre, à l'observatoire astronomique de Kew, on a fait en dix ans plus de deux mille observations photographiques du Soleil, enregistrant ainsi le nombre, la position, la dimension des taches.

Nous savons tous que les halos qui cernent la Lune nous donnent une prédiction presque certaine du temps; à cette prédiction, ne fût-elle que de quelques heures, nous devons attacher un grand prix, car elle peut être précieuse pour la vie de nos marins, pour les richesses de nos agriculteurs, elle peut faciliter nos projets personnels; mais que de fois les diverses phases de la Lune arrêtent-elles toute possibilité de constatation; le Soleil au contraire serait un précieux sujet d'examen, si son éblouissante lumière n'y mettait pour nous un complet obstacle; mais la Photographie voit en quelques millièmes de seconde ce qui échappe à notre vue, et un savant professeur allemand, M. Zenger, a montré que le Soleil pouvait être entouré de halos et, malgré les contradictions qui se sont élevées en France sur l'exactitude de ses recherches, il est convaincu qu'on peut trouver dans l'observation de ces phénomènes des éléments très importants pour la prédiction du temps.

Mais quittons, pour l'instant, ces applications sérieuses pour d'autres plus faciles et plus agréables. Aujourd'hui les manipulations sont devenues tellement simples, les appareils tellement portatifs, qu'il n'est pas un touriste qui ne veuille emporter son petit bagage photographique, pour collectionner ensuite ses souvenirs de voyage étape par étape. Ne nous dissimulons pas que la réussite ne suit pas toujours cette bonne volonté; l'amateur enthousiaste s'apercevra vite à ses dépens que l'ensemble des opérations photographiques est un peu plus compliqué qu'il ne le paraît tout d'abord et, s'il a cru réussir du premier coup, il se rappellera bientôt qu'avant de savoir il faut apprendre.

Cependant le but mérite bien qu'on se donne quelque peine pour l'atteindre; ensuite que de belles collections on peut former! quel beau voyage on peut faire faire en quelques minutes aux personnes qui veulent bien vous suivre!

J'ai réuni, grâce à l'inépuisable complaisance de M. Lévy et à la richesse de ses collections, une rapide tournée qui, si vous le désirez, vous transportera dans les pays les plus divers, et nous ferons en peu d'instants ce tour du monde qu'à la rigueur on peut accomplir en quatre-vingts jours.

Laissant à la maison notre brave chien comme un gardien fidèle (¹), nous passons par Nice et par l'Italie en nous arrêtant dans les villes principales : Gênes, Rome, Naples, Palerme, puis, franchissant la Méditerranée, nous arrivons au Caire, d'où nous allons aux Pyramides, et ensuite nous remontons le Nil pour avoir une idée exacte des splendeurs architecturales de cette antique civilisation disparue; nous passons par l'ancienne Thèbes voir les statues de Memnon; nous visitons l'île de Philœ, les colosses d'Ibsamboul et au retour, comme Moïse, nous traversons le désert pour pénétrer en Palestine jusqu'à Jérusalem, nous revenons ensuite franchir le canal de Suez en nous arrêtant à Ismaïlia, un navire nous transporte jusqu'à Java, où M. Charnay, missionnaire scientifique envoyé par le gouvernement français, est allé étudier le temple de Boerve Bedor; nous pouvons en apprécier la richesse architecturale aussi bien dans l'ensemble que dans les détails; après une station dans un jardin de plaisance à Sang-haï, une visite à Péking, puis à Yeddo, nous franchissons l'océan Pacifique, emportant un souvenir du Japon; nous traversons l'Amérique septentrionale dans un de ces trains rapides qui passent de San Francisco à New-York; dans le trajet nous admirons la route, nous rendons visite aux restes de ces arbres géants de la contrée de Yosemite, nous jetons un coup d'œil sur la cité des Mormons près du lac Salé et nous ne quittons pas l'Amérique sans aller aux chutes du Niagara; après avoir admiré les cataractes, nous considérons avec curiosité ces effets de givre, ces stalactites de glace que produit la fine poussière d'eau échappée des chutes et congelée par les hivers rigoureux de ces contrées;

(¹) Toutes les nombreuses projections de notre conférence, dépassant le nombre de quatre-vingts, ont été faites avec une grande précision et une grande habileté par M. Molteni, à qui nous adressons tous nos remerciements.

après une excursion sur un de ces bateaux qui parcourent les grands fleuves de l'Amérique, nous partons de New-York sur un steamer qui nous amène au Havre, et notre voyage a si peu duré qu'en rentrant à la maison nous trouvons à la même place notre gardien fidèle qui s'est retourné pour nous recevoir amicalement.

Nous venons de faire un voyage rapide auquel, j'espère, vous aurez pris quelque plaisir en ne vous occupant que des belles choses semées sur la route; mais il en est d'autres plus sérieux dans lesquels les sciences ou les lettres jouent le rôle principal et qui sont entrepris au point de vue de l'archéologie, de l'épigraphie, des recherches d'histoire naturelle; ainsi, l'Algérie et la Tunisie abondent en inscriptions romaines qui sont des documents d'un grand intérêt pour l'histoire. Sans doute ces inscriptions peuvent être copiées, mais alors des doutes, des controverses s'élèvent sur leur exactitude; presque toujours on préfère les estamper, procédé certainement précieux, mais long, coûteux et encombrant, surtout très difficile à exécuter dans nombre de circonstances; représentez-vous en effet le relevé par l'estampage des inscriptions de l'Arc-de-triomphe ou, plus simplement, de la porte Saint-Denis : il est bien plus facile d'en prendre des photographies; l'encombrement, les chances d'erreur disparaissent immédiatement; telle est cette inscription que je vous présente; la pierre gravée est encastrée dans la partie supérieure d'un minaret de Tlemcen, elle a été relevée par M. le Dr Colin, ainsi qu'un assez grand nombre d'autres qu'il a trouvées pendant son séjour en Algérie.

Dans les recherches ethnologiques qui ont pour but de caractériser et de classer les différentes races de l'espèce humaine, on peut, il est vrai, rapporter quelques crânes ou quelques squelettes; mais combien il est préférable de saisir le type sur le sujet vivant, de le montrer sous son aspect réel avec toutes ses particularités, soit qu'elles portent sur la conformation de la face ou sur la forme exceptionnelle de la tête ! Tel est ce crâne conique des habitants des montagnes des Ansariés, que M. Cahun a rapporté de sa mission dans l'Asie Mineure.

Quelques mots encore sur les services que la Photographie a rendus à cette triste époque où Paris bloqué était séparé du monde par les armées ennemies, où, pendant des mois, on n'eut aucune nouvelle ni des mouvements de la défense en laquelle on espérait toujours, ni des êtres aimés dont on avait dû se séparer. Seule la route de l'air restait libre, mais, dans les conditions ordinaires, le pigeon voyageur eût à peine suffi à transmettre les dépêches officielles; avec la photographie, il put apporter, outre celles du gouvernement, des volumes de dépêches privées. Ces correspondances étaient d'abord imprimées comme on imprime les journaux, puis reprises en photographie microscopique, reproduites ensuite en plusieurs exemplaires sur des préparations pelliculaires très fines, très légères, qui, roulées et introduites dans un tuyau de plume, étaient confiées aux pigeons dont on attendait avec impatience l'arrivée. Chaque messager emportait ainsi de nombreuses pellicules, représentant chacune 4800 lignes environ, soit pour 10 pellicules la matière de trois gros volumes. Ces pellicules, reprises à l'arrivée, étaient de nouveau soumises à l'opération photographique pour les agrandir et les transmettre à domicile, où elles portaient le plus souvent la joie dans le cœur des destinataires.

Dans les services de la guerre, les applications photographiques s'accroissent chaque jour, depuis la multiplication rapide des cartes, jusqu'à l'examen et l'étude des puissants effets de l'artillerie; mais sur ce sujet l'indiscrétion n'est pas permise; rappelons-nous seulement que nous devons nous perfectionner sans cesse et que, quels que soient les progrès de ceux qui un jour pourraient être nos ennemis, c'est à nous de faire les études et les sacrifices nécessaires pour ne jamais être dépassés.

On a vivement critiqué et l'on critique encore les applications de la Photographie à l'enseignement du dessin; je crois même qu'il y a eu à cet égard un décret de proscription rendu, sans que l'accusé ou tout au moins ses défenseurs aient été entendus. On prétend que l'image photographique est déformée et que l'élève y puisera un enseignement faux et mauvais. A cela nous n'avons rien à répondre, si ce n'est qu'aux Ponts et Chaussées, au Ministère de la Guerre, c'est à la Photographie que l'on s'adresse pour faire les réductions ou les agrandissements mathématiques des plans, et nous ne croyons pas qu'il existe une main assez habile pour arriver à la rigoureuse exactitude de ces copies photographiques, faites dans les conditions convenables de reproduction. Les juges sans doute avaient opéré eux-mêmes, probablement ils savaient se servir de nos instruments, comme nous saurions utiliser leurs crayons ou leurs pinceaux, et je crois que nos successeurs ne pourront s'empêcher de sourire quand on leur présentera comme un enseignement à redouter la reproduction des chefs-d'œuvre de l'antiquité, la représentation rigoureuse des effets d'ombre et de lumière, la copie exacte de la vérité.

Mais je m'arrête, je pense vous avoir suffisamment démontré que la Photographie est devenue un des puissants auxiliaires des progrès de l'esprit humain; elle est l'historien véridique impartial de tous les phénomènes visibles; ces projections que je viens de multiplier devant vous sont aujourd'hui une de nos plus précieuses méthodes d'enseignement et seule la Photographie pouvait nous permettre de les obtenir ; l'œuvre de Niepce a pris une telle extension que maintenant elle a pour tributaire l'universalité des connaissances humaines.

La postérité, dans son appréciation d'autant plus juste qu'elle a été plus tardive, est reconnaissante envers ce premier inventeur, qui a consacré sa vie à l'idée qu'il avait conçue ; elle n'a oublié ni Daguerre, ni Talbot, ni Poitevin, auxquels revient une part incontestable dans le grand développement de l'invention de Niepce : à Daguerre, elle a élevé à Cormeilles un buste commémoratif; elle applaudira aux hommages qui pourront être adressés à l'éminent chercheur Fox Talbot; avant trois mois, Poitevin, qui a transformé l'image photographique éphémère en une image inaltérable, aura son buste dressé dans la ville de Saint-Calais; mais Nicéphore Niepce, le créateur premier, celui qui a semé et fait éclore ce germe, transformé maintenant en un arbre aux branches puissantes, reçoit un hommage plus éclatant de ses concitoyens, de la France, du monde entier. La grande statue de bronze que Chalon vient d'ériger en son honneur est le monument de notre reconnaissance; mais elle pourrait disparaître, que jamais les bienfaits et les services rendus ne laisseraient oublier le nom de Niepce : il appartient à l'immortalité.

INAUGURATION DE LA STATUE

ÉLEVÉE PAR SOUSCRIPTION INTERNATIONALE DANS LA VILLE DE CHALON-SUR-SAONE

NICÉPHORE NIEPCE,

INVENTEUR DE LA PHOTOGRAPHIE.

Rapport à la Société française de Photographie, par A. Davanne.
(Séance du 3 juillet 1885.)

Messieurs,

La ville de Chalon-sur-Saône est enfin parvenue au but poursuivi par elle avec une rare persistance depuis 1852 : c'est, en effet, à cette date déjà reculée qu'un de ses conseillers municipaux, M. Boissenot, proposa de rendre à Nicéphore NIEPCE l'hommage légitimement dû au premier inventeur de la Photographie et de lui élever un monument. Cette proposition fut reprise par M. Jules Chevrier trois ans plus tard; le Conseil municipal vota alors un premier subside de 5000^{fr} et demanda au gouvernement l'autorisation d'ouvrir une souscription; il voulut même que cette souscription fût internationale, car déjà la Photographie avait étendu ses bienfaits chez tous les peuples.

A partir de ce moment, M. J. Chevrier poursuivit cet acte de justice, jusqu'à sa mort, arrivée en octobre 1883, et s'il ne put voir le jour du succès, il eut du moins, avant de mourir, la certitude que l'œuvre à laquelle il avait consacré une partie de son existence recevrait avant peu sa pleine exécution.

Cependant les débuts ne furent pas encourageants : le gouvernement ne donnait pas l'autorisation d'ouvrir la souscription, et dix ans s'écoulèrent sans résultat; en 1862, une seconde Commission composée de MM. Paccard, Jules Chevrier, Chabas, Guichard et Prouvèze fit de nouveaux efforts, et n'arriva qu'à rappeler le vœu de 1852 et à confirmer les votes qui le suivirent. Les instances du maire auprès du gouvernement se heurtèrent à mille difficultés administratives, et quatorze années s'écoulèrent encore sans succès.

En 1877, il se forme une nouvelle Commission qui, sur le rapport de M. Landa, reprend la proposition qui devait aboutir à la grande cérémonie du 22 juin dernier.

Cette Commission obtint enfin d'ouvrir la souscription; ce fut alors qu'elle pensa avec raison que notre Société de Photographie pouvait lui apporter un concours efficace; son président nous demanda, par une lettre qui fut présentée à la séance du mois d'août 1878, de joindre nos efforts à ceux de la ville de Chalon et de lui apporter l'appui de notre notoriété et de nos relations.

Notre Société, partageant les idées de justice qui voulaient rendre à Nicéphore Niepce sa légitime part dans l'invention de la Photographie, nomma aussitôt une Commission sous la présidence de notre très regretté collègue Robert, administrateur de la manufacture de Sèvres [1]. Adoptant immédiatement l'idée de souscription internationale, nous nous sommes assuré le concours de MM. Hornig et Luckhardt, en Autriche; Carlos Relvas, en Portugal; de Vylder et Rommelaere, en Belgique; Abney et Harrisson, en Angleterre; Vogel, en Allemagne.

A partir de ce moment, une vive impulsion fut donnée à l'œuvre internationale par les soins de la Commission, et des lettres répandues en grand nombre ne tardèrent pas à amener d'heureux résultats : deux cent un souscripteurs répondirent à notre demande; leurs noms furent publiés au *Bulletin* : nous ne les rappellerons pas tous ici; nous mentionnerons seulement que la Société française de Photographie, MM. Blanchet et Kléber de Rives, le duc de Chaulnes et M. de Rothschild s'inscrivirent chacun pour 500^{fr}.

Nos commissaires-adjoints de l'étranger ne tardèrent pas à nous

---

[1] Cette Commission était composée de : MM. Robert, Président; Firmin Didot et Bardy, Vice-Présidents; Balagny, Secrétaire; Pector, Trésorier. — MM. Berthaud, duc de Chaulnes, Civiale, marquis de Courcival, Fabre, Lévy, Perrot de Chaumeux, Reutlinger, Walery (comte Ostorog), Commissaires. — M. Peligot, Président de la Société, et M. Davanne, Vice-Président, faisaient de droit partie de la Commission.

envoyer le montant des souscriptions recueillies dans leur pays ; en tête nous devons citer M. Carlos Relvas, qui nous adressa la somme de 1400^{fr}. M. Hornig nous remit 300^{fr} pour l'Autriche ; l'Allemagne, par les soins de M. Vogel et de M. Brasch, nous envoya 241^{fr},95 ; l'Association belge de Photographie, 100^{fr} ; l'Association danoise, 100^{fr} ; l'Espagne, représentée par M. Laurent, de Madrid, 100^{fr} ; le Mexique, par les mains de M. Valetto, 100^{fr}.

Le total des souscriptions a donné la somme de 8855^{fr},25. Les frais d'impression de circulaires, de lettres, de poste, de recouvrements ont monté à 893^{fr},75, ce qui nous laisse un total net de 7961^{fr},50, lesquels, ayant été placés en bons du Trésor, produisirent une légère augmentation de 327^{fr},50 ; total 8288^{fr},80, remis au Président de la Commission de Chalon.

De son côté, la ville de Chalon a trouvé parmi ses citoyens un grand élan lorsqu'il s'est agi d'élever, sur une de ses places publiques, une statue à celui de ses enfants qui représente une de ses gloires les plus pures ; elle recueillit et vota des subsides assez considérables pour faire face à l'œuvre entreprise, et elle reçut un présent d'une valeur inestimable, car M. Guillaume, notre grand statuaire, lui offrit généreusement d'exécuter la statue, et il lui donna un chef-d'œuvre.

Cette statue, coulée en bronze dans les ateliers de M. Barbedienne, est élevée sur un piédestal dû à la collaboration, également toute gracieuse, de M. Narjoux et de M. Poinet, architectes. M. Narjoux a donné les plans et dessins du monument, dont M. Poinet, architecte de la ville, a surveillé la construction, et qu'il a protégé par la grille artistique qui l'entoure. L'exécution matérielle est revenue au prix de 24854^{fr}. La statue représente Niepce, qui, d'un geste convaincu, montre la planche sur laquelle il vient d'obtenir l'image photographique, en regardant le soleil qu'il prend à témoin du succès de son œuvre. Notre collègue, M. Berthaud, en a fait la photographie qui accompagne ce rapport.

L'inauguration de ce monument, qui constate à la fois les droits du premier inventeur de la Photographie et la place que cette invention a prise parmi les plus importantes découvertes de notre siècle, a eu lieu avec une grande pompe le 21 juin dernier.

Le Ministre des Postes et Télégraphes, M. Sarrien, et le directeur des Beaux-Arts, M. Kaempfen, entourés des sénateurs et députés du département, du préfet, des conseillers de préfecture et du sous-préfet de Chalon, représentaient le gouvernement; M. Lacroze, maire de Chalon, et son Conseil municipal faisaient les honneurs; de nombreuses invitations avaient été adressées à la Société française de Photographie, à la Société d'encouragement, aux auteurs du monument, M. Guillaume, M. Narjoux et M. Poinet, ainsi qu'à plusieurs descendants de Nicéphore Niepce; notre Société avait délégué pour la représenter MM. Bardy, Balagny, Berthaud, Chardon, Davanne et Pector; une indisposition a empèché M. Pector de se rendre à Chalon.

M. Davanne et M. Bardy représentaient également la Société d'encouragement.

Après les discours de M. Lacroze, de M. Sarrien et de M. Kaempfen, M. Bardy a pris la parole au nom de la Société française de Photographie et de la Société d'encouragement; en termes très élevés que nous rapportons ici, il a montré quelle science, quels travaux soutenus, quelle persévérance indomptable sont nécessaires à l'homme de génie pour parvenir à faire éclore l'œuvre qu'il a conçue, œuvre qui devient une source de bienfaits pour l'humanité, dont trop souvent la reconnaissance tardive ne s'affirme qu'après la mort du bienfaiteur.

DISCOURS DE M. BARDY.

Délégués par la Société française de Photographie et la Société d'encouragement pour l'industrie nationale, à la fête d'inauguration de la statue élevée à Nicéphore Niepce, nous venons, mes collègues et moi, rendre hommage à cet homme illustre si longtemps méconnu.

Je ne rappellerai pas quel génie il a fallu, quelles recherches patientes ont été nécessaires pour analyser ces phénomènes, si curieux et si complexes de l'action de la lumière et arriver à jeter les bases de la Photographie; il me faudrait entrer dans de trop longs détails qui seraient hors de mise en ce moment; d'ailleurs, toutes ces choses seront dites par M. Davanne, notre cher président du Conseil de la Société de Photographie, qui montrera l'œuvre de Niepce et la dégagera des insinuations qui ont tendu à la rabaisser et à en diminuer l'importance et le mérite.

L'homme de génie est celui qui ouvre à l'esprit humain des horizons nouveaux; les perfectionnements qui suivent viennent rectifier et élargir la voie tracée, mais ces perfectionnements ne doivent pas faire oublier l'inventeur ni l'amoindrir, et il est juste d'honorer la mémoire de ces hardis pionniers qui, sans s'inquiéter des profits réservés à leurs découvertes, ont suivi le chemin aride et difficile de l'invention sans autre satisfaction que celle de pouvoir arracher à la nature quelque nouveau secret, sacrifiant le plus souvent leur temps et leur fortune à poursuivre des recherches que d'autres traitent de chimères et de rêveries.

Modeste et désintéressé comme tous les hommes d'un mérite réel, Nicéphore Niepce a consacré les dernières années de sa vie à perfectionner sa découverte; savant, il a joui de ces satisfactions infinies que procurent la recherche de la vérité et la conquête de la Science, mais, n'ayant pu se résoudre à livrer incomplète son invention, il est mort sans avoir eu le bonheur de voir apprécier à sa juste valeur la découverte la plus étonnante et la plus fertile en applications qui ait jamais été faite.

Il est rare que les grandes découvertes se fassent d'un seul jet; l'esprit humain, quelque ingénieux et quelque élevé qu'on le suppose, ne procède pas par bonds, et, à moins de circonstances tout à fait exceptionnelles, il faut soustraire à la nature les secrets qu'elle nous dérobe avec un soin si jaloux et construire, péniblement et pierre à pierre, l'édifice nouveau qui vient enrichir nos connaissances, augmenter notre bien-être, donner satisfaction aux aspirations élevées de l'intelligence, qui prépare et fournit lui-même les moyens de poursuivre la conquête de la vérité.

C'est en relisant la touchante correspondance échangée entre Nicéphore et son frère Claude que l'on retrouve un exemple frappant de la justesse de cette vérité : l'invention merveilleuse de Niepce n'a pas été due à un coup de hasard, elle a été voulue, cherchée, et cherchée avec une patience, une lucidité d'esprit, une logique rigoureuse, qui ne se sont pas démenties un seul instant pendant cette longue période d'enfantement.

Niepce, d'ailleurs, était né pour être un inventeur, il en avait toutes les qualités et, sans sa grande habileté manuelle, sans les précieuses ressources que lui procuraient à chaque instant ses connaissances étendues et variées sur la Chimie, la Physique et la Mécanique, il n'aurait pu atteindre le but qu'il poursuivait, car, pour se rendre un compte exact des difficultés vaincues, il faut se reporter au temps où l'œuvre a été conçue, alors qu'il y avait pour ainsi dire tout à prendre dans le vaste champ des sciences naturelles, mais où il fallait savoir se diriger sans guide et sans chemins tracés.

L'idée dominante de Niepce était d'arriver à fixer l'image de la chambre noire et à obtenir des planches gravées permettant la reproduction des objets ou des dessins; ce but, il l'a atteint seul, sans aucune collaboration, et il a décrit le procédé à l'aide duquel il l'a réalisé, procédé qui repose, comme on le sait, sur l'emploi du bitume de Judée.

Cette découverte a été immédiatement le point de départ de perfectionnements importants et nombreux qui sont venus la transformer et l'amener par étapes à ce qu'elle est aujourd'hui; mais il ne faut pas croire que la méthode créée par Niepce soit tombée dans l'oubli et soit passée au rang des procédés surannés et barbares relégués au fond des bibliothèques ; non, ce procédé *à peine modifié* a survécu, il est resté la base d'une branche des plus importantes de l'impression à l'aide de la lumière, de l'héliogravure, comme on l'appelle de nos jours, et c'est à l'emploi de ce procédé que sont dues ces magnifiques gravures qui illustrent la majeure partie de nos livres et contribuent ainsi pour une large part à faire naître et à répandre le goût du beau ; à ce titre, la découverte de Niepce a rendu un service inappréciable à l'Art, et c'est avec joie qu'on la voit survivre a toutes les vicissitudes et s'implanter triomphante, laissant derrière elle d'autres procédés qui l'ont un instant éclipsée pour rentrer bientôt dans l'oubli.

L'invention de Niepce est, on peut le dire, une de celles qui ont été le plus utiles à l'humanité ; grâce aux développements qu'elle a pris, aux modifications qu'elle a subies, elle est devenue, non seulement un précieux auxiliaire pour l'Art, mais encore un outil de travail à l'égal de l'écriture ou de l'imprimerie. Grâce à elle, le voyageur rapporte de ses excursions lointaines le souvenir des sites et des monuments qu'il a vus et fournit à la Science de précieux documents pour l'histoire des peuples ; le savant suit pas à pas les phases de ses recherches et conserve des témoins irréfutables de ses observations et de ses découvertes ; l'ingénieur dirige à distance ses importants travaux ; le physicien enregistre tous les phénomènes et toutes les perturbations dus aux agents atmosphériques, à l'électricité, au magnétisme ; l'expert place sous les yeux de la justice les preuves capables d'asseoir ses redoutables jugements ; l'artiste saisit sur le fait la nature elle-même dans les manifestations les plus subtiles et les plus étonnantes ; il n'est pas, en un mot, une seule branche des connaissances humaines qui n'ait recours à la Photographie, et l'on peut dire que si cet art venait aujourd'hui à disparaître subitement, chacun se sentirait profondément atteint et le progrès se trouverait momentanément enrayé.

Les savants les plus autorisés, les Arago, les Dumas, les Becquerel, les Fizeau, les Peligot, toutes les illustrations de la Science n'ont cessé de rendre hommage au génie de Niepce et l'ont hautement proclamé ; les sociétés savantes, en tête desquelles il convient, quoi qu'on en ait dit, de placer la Société d'encouragement, lui ont témoigné toutes leurs sympathies, mais il a fallu plus d'un demi-siècle pour que l'injustice et le tort faits à la mémoire de Niepce fussent réparés : grâce à l'initiative éclairée de la municipalité de Chalon, cette ville, qui a eu l'insigne honneur d'être le berceau de Niepce, est fière aujourd'hui de posséder le monument qui rappelle ce grand événement et de toutes parts on s'est empressé de répondre à son appel ; quant à la Société française de Photographie et à la Société d'encouragement qui enregistrent tous les jours les progrès étonnants du nouvel art et contribuent dans la mesure de leurs moyens à en favoriser encore le développement, elles ont été heureuses de pouvoir s'associer à la glorification de Niepce, dont l'incomparable découverte ne peut être disputée par aucune autre nation, qui a ajouté un nouveau fleuron à la couronne de notre patrie bien-aimée et a ainsi contribué à affirmer son rang élevé parmi les peuples.

C'est une œuvre saine et forte que d'honorer ses grands hommes, de sauver de l'oubli les noms de ceux auxquels l'humanité doit le plus de gratitude et de conserver avec un soin religieux la tradition des services rendus.

Veiller sur les titres de ses morts sans laisser dépérir leur mémoire, c'est préparer pour l'avenir une ample et nouvelle moisson de découvertes et de gloire.

Après l'inauguration, vos délégués se sont rendus au Musée de Chalon, où, par les soins de M. Jules Chevrier, se trouvent réunis quelques-uns des appareils utilisés et même construits par N. Niepce, quelques épreuves obtenues par lui et des instruments ayant servi aux expériences concertées avec Daguerre.

Nous y avons trouvé avec un réel étonnement des appareils qui depuis, et récemment encore, ont été présentés comme de grands perfectionnements dans le matériel photographique : telle est la chambre à soufflet et le diaphragme variable analogue à l'iris de l'œil qui peut passer de la plus petite à la plus large ouverture pour modifier à volonté l'accès des rayons lumineux sur la lentille de l'objectif. Nous avons pensé que notre Société devrait demander à M. Meulien, Conservateur du Musée, qui nous a montré tous ces objets avec la plus grande obligeance, de nous donner le catalogue de ces précieuses reliques pour en faire la publication.

Les fêtes d'inauguration se sont terminées par la Conférence faite dans la grande salle de la Mairie par M. Davanne, avec l'aide de M. Chardon, qui a répété avec une grande habileté les premières expériences de N. Niepce, et avec l'assistance de M. Molteni, qui a exécuté de nombreuses et fort intéressantes projections.

www.ingramcontent.com/pod-product-compliance
Lightning Source LLC
Chambersburg PA
CBHW050036230526
45470CB00003B/1304